#goals

Contact Us

We'd love to hear from you!

Send us your questions, feedback and requests for new journal designs and layouts.

Email: SunshinePressPub@gmail.com

Do something *every day* **that brings you** *closer to your goals.*

HOW TO USE THIS JOURNAL

Below is an explanation of how to use each section of the journal.
An example of the daily journal follows on the next page.

Goals to make my dreams a reality	Think of this section as a vision board for your life in journal form! Brainstorm your dreams and goals and keep track of them here. As you accomplish your goals, come back to these pages to choose a new goal to work on.
Goals I have achieved	Write down goals you have achieved in the past to remind yourself you can do it. Be your own motivation!
Today I'm grateful for...	The benefits of a daily gratitude practice are nearly endless and include increased positivity, better health and more restful sleep. Use this section to write down three things you're grateful for. Even better, write down WHY you're grateful for these things, too.
My top 5 goals	Narrow your focus and start each day with intentional goal setting. Writing down your top 5 goals daily keeps them front and center, dramatically increasing the speed you will achieve them.
My #1 focus	Write down your focus for the day. Most days do not allow enough enough time to meaningfully work on more than 1-2 goals at once. This section helps you prioritize!
TO DOs that support my goals	This is an important section! Here you will write the actions you need to take that relate directly to your goals. **This list will make your dreams a reality.** To reach your goals, you need tasks in this section every day!
Other TO Dos	Keep track of tasks you need to do that aren't directly related to your goals. Do your best to minimize time spent on items in this section.
Notes	For everything else!

Today, I am grateful for...

1 sunshine today - I can get out for a walk!

2 Husband made dinner last night because he knew I was tired.

3 my mom. Talking to her yesterday made me feel a lot better.

My top 5 goals

1 Take a family vacation

2 Renovate the kitchen

3 Drop 2 dress sizes

4 Start a blog

5 Run a half marathon

My #1 focus

Drop 2 dress sizes!

TO DOs that support my goals

- ☐ Walk/jog for 3 miles
- ☐ Make a healthy meal plan
- ☐ Start a kitchen Pinterest board
- ☐ Brainstorm blog names
- ☐
- ☐ block out vacay on calendar
- ☐ prep overnight oats for the week
- ☐ 20min youtube workout video
- ☐
- ☐

Other TO DOs

- ☐ make doctor appt - Tues?
- ☐ mop + vacuum floors
- ☐ Kelly birthday gift
- ☐ find babysitter for Fri night
- ☐ Target return
- ☐
- ☐
- ☐
- ☐

notes

One day at a time!

GOALS *to make my,* DREAMS *a* REALITY

GOALS *to make my,* DREAMS *a* REALITY

GOALS *I have* ACHIEVED

GOALS *I have* ACHIEVED

girl, START TODAY   /

Today, I am grateful for...

1 _____

2 _____

3 _____

My top 5 goals   *My #1 focus*

1 _____

2 _____

3 _____

4 _____

5 _____

TO DOs that support my goals

○ _____   ○ _____

○ _____   ○ _____

○ _____   ○ _____

○ _____   ○ _____

○ _____   ○ _____

Other TO DOs   *notes*

○ _____

○ _____

○ _____

○ _____

○ _____

○ _____

○ _____

○ _____

○ _____

girl, START TODAY

/

Today, I am grateful for...

1 _____

2 _____

3 _____

My top 5 goals

1 _____

2 _____

3 _____

4 _____

5 _____

My #1 focus

TO DOs that support my goals

○ _____   ○ _____

○ _____   ○ _____

○ _____   ○ _____

○ _____   ○ _____

○ _____   ○ _____

Other TO DOs

notes

○ _____

○ _____

○ _____

○ _____

○ _____

○ _____

○ _____

○ _____

○ _____

girl, START TODAY

Today, I am grateful for...

1 _____

2 _____

3 _____

My top 5 goals

1 _____

2 _____

3 _____

4 _____

5 _____

My #1 focus

TO DOs that support my goals

O _____   O _____

O _____   O _____

O _____   O _____

O _____   O _____

O _____   O _____

Other TO DOs   *notes*

O _____

O _____

O _____

O _____

O _____

O _____

O _____

O _____

O _____

Today, I am grateful for...

1 _____

2 _____

3 _____

My top 5 goals

1 _____

2 _____

3 _____

4 _____

5 _____

My #1 focus

TO DOs that support my goals

○ _____   ○ _____

○ _____   ○ _____

○ _____   ○ _____

○ _____   ○ _____

○ _____   ○ _____

Other TO DOs   *notes*

○ _____

○ _____

○ _____

○ _____

○ _____

○ _____

○ _____

○ _____

○ _____

Today, I am grateful for...

1 _____

2 _____

3 _____

My top 5 goals   My #1 focus

1 _____

2 _____

3 _____

4 _____

5 _____

TO DOs that support my goals

○ _____   ○ _____

○ _____   ○ _____

○ _____   ○ _____

○ _____   ○ _____

○ _____   ○ _____

Other TO DOs   notes

○ _____

○ _____

○ _____

○ _____

○ _____

○ _____

○ _____

○ _____

○ _____

girl, START TODAY /

Today, I am grateful for...

1 _____
2 _____
3 _____

My top 5 goals

1 _____

2 _____

3 _____

4 _____

5 _____

My #1 focus

TO DOs that support my goals

- _____
- _____
- _____
- _____
- _____

- _____
- _____
- _____
- _____
- _____

Other TO DOs

- _____
- _____
- _____
- _____
- _____
- _____
- _____
- _____
- _____

notes

Today, I am grateful for...

1 _____

2 _____

3 _____

My top 5 goals

1 _____

2 _____

3 _____

4 _____

5 _____

My #1 focus

TO DOs that support my goals

○ _____   ○ _____

○ _____   ○ _____

○ _____   ○ _____

○ _____   ○ _____

○ _____   ○ _____

Other TO DOs

○ _____

○ _____

○ _____

○ _____

○ _____

○ _____

○ _____

○ _____

○ _____

notes

Today, I am grateful for...

1 _____

2 _____

3 _____

My top 5 goals   My #1 focus

1 _____

2 _____

3 _____

4 _____

5 _____

TO DOs that support my goals

○ _____   ○ _____

○ _____   ○ _____

○ _____   ○ _____

○ _____   ○ _____

○ _____   ○ _____

Other TO DOs   notes

○ _____

○ _____

○ _____

○ _____

○ _____

○ _____

○ _____

○ _____

○ _____

Today, I am grateful for...

1 _____

2 _____

3 _____

My top 5 goals   *My #1 focus*

1 _____

2 _____

3 _____

4 _____

5 _____

TO DOs that support my goals

○ _____   ○ _____

○ _____   ○ _____

○ _____   ○ _____

○ _____   ○ _____

○ _____   ○ _____

Other TO DOs   *notes*

○ _____

○ _____

○ _____

○ _____

○ _____

○ _____

○ _____

○ _____

○ _____

girl, START TODAY   /

Today, I am grateful for...

1 _____

2 _____

3 _____

My top 5 goals   My #1 focus

1 _____

2 _____

3 _____

4 _____

5 _____

TO DOs that support my goals

O _____   O _____

O _____   O _____

O _____   O _____

O _____   O _____

O _____   O _____

Other TO DOs   notes

O _____

O _____

O _____

O _____

O _____

O _____

O _____

O _____

O _____

girl, START TODAY

Today, I am grateful for...

1 _____
2 _____
3 _____

My top 5 goals

1 _____
2 _____
3 _____
4 _____
5 _____

My #1 focus

TO DOs that support my goals

○ _____   ○ _____
○ _____   ○ _____
○ _____   ○ _____
○ _____   ○ _____
○ _____   ○ _____

Other TO DOs

○ _____
○ _____
○ _____
○ _____
○ _____
○ _____
○ _____
○ _____
○ _____

notes

Today, I am grateful for...

1 _____

2 _____

3 _____

My top 5 goals   *My #1 focus*

1 _____

2 _____

3 _____

4 _____

5 _____

TO DOs that support my goals

O _____   O _____

O _____   O _____

O _____   O _____

O _____   O _____

O _____   O _____

Other TO DOs   *notes*

O _____

O _____

O _____

O _____

O _____

O _____

O _____

O _____

O _____

Today, I am grateful for...

1 _____

2 _____

3 _____

My top 5 goals

1 _____

2 _____

3 _____

4 _____

5 _____

My #1 focus

TO DOs that support my goals

○ _____   ○ _____

○ _____   ○ _____

○ _____   ○ _____

○ _____   ○ _____

○ _____   ○ _____

Other TO DOs

○ _____

○ _____

○ _____

○ _____

○ _____

○ _____

○ _____

○ _____

○ _____

notes

Today, I am grateful for...

1 _____

2 _____

3 _____

My top 5 goals

1 _____

2 _____

3 _____

4 _____

5 _____

My #1 focus

TO DOs that support my goals

○ _____ ○ _____

○ _____ ○ _____

○ _____ ○ _____

○ _____ ○ _____

○ _____ ○ _____

Other TO DOs   *notes*

○ _____

○ _____

○ _____

○ _____

○ _____

○ _____

○ _____

○ _____

○ _____

Today, I am grateful for...

1 _____
2 _____
3 _____

My top 5 goals

1 _____

2 _____

3 _____

4 _____

5 _____

My #1 focus

TO DOs that support my goals

○ _____   ○ _____
○ _____   ○ _____
○ _____   ○ _____
○ _____   ○ _____
○ _____   ○ _____

Other TO DOs   *notes*

○ _____
○ _____
○ _____
○ _____
○ _____
○ _____
○ _____
○ _____
○ _____

Today, I am grateful for...

1 _____

2 _____

3 _____

My top 5 goals

1 _____

2 _____

3 _____

4 _____

5 _____

My #1 focus

TO DOs that support my goals

○ _____   ○ _____

○ _____   ○ _____

○ _____   ○ _____

○ _____   ○ _____

○ _____   ○ _____

Other TO DOs

○ _____

○ _____

○ _____

○ _____

○ _____

○ _____

○ _____

○ _____

○ _____

notes

girl, START TODAY /

Today, I am grateful for...

1 _____

2 _____

3 _____

My top 5 goals

1 _____

2 _____

3 _____

4 _____

5 _____

My #1 focus

TO DOs that support my goals

○ _____   ○ _____

○ _____   ○ _____

○ _____   ○ _____

○ _____   ○ _____

○ _____   ○ _____

Other TO DOs

○ _____

○ _____

○ _____

○ _____

○ _____

○ _____

○ _____

○ _____

○ _____

notes

Today, I am grateful for...

1 _____

2 _____

3 _____

My top 5 goals

1 _____

2 _____

3 _____

4 _____

5 _____

My #1 focus

TO DOs that support my goals

○ _____   ○ _____

○ _____   ○ _____

○ _____   ○ _____

○ _____   ○ _____

○ _____   ○ _____

Other TO DOs

notes

○ _____

○ _____

○ _____

○ _____

○ _____

○ _____

○ _____

○ _____

○ _____

Today, I am grateful for...

1 _____
2 _____
3 _____

My top 5 goals

1 _____
2 _____
3 _____
4 _____
5 _____

My #1 focus

TO DOs that support my goals

○ _____   ○ _____
○ _____   ○ _____
○ _____   ○ _____
○ _____   ○ _____
○ _____   ○ _____

Other TO DOs

notes

○ _____
○ _____
○ _____
○ _____
○ _____
○ _____
○ _____
○ _____
○ _____

Today, I am grateful for...

1 _____

2 _____

3 _____

My top 5 goals   *My #1 focus*

1 _____

2 _____

3 _____

4 _____

5 _____

TO DOs that support my goals

○ _____   ○ _____

○ _____   ○ _____

○ _____   ○ _____

○ _____   ○ _____

○ _____   ○ _____

Other TO DOs   *notes*

○ _____

○ _____

○ _____

○ _____

○ _____

○ _____

○ _____

○ _____

○ _____

girl, START TODAY   /

Today, I am grateful for...

1 _____

2 _____

3 _____

My top 5 goals   *My #1 focus*

1 _____

2 _____

3 _____

4 _____

5 _____

TO DOs that support my goals

O _____   O _____

O _____   O _____

O _____   O _____

O _____   O _____

O _____   O _____

Other TO DOs   *notes*

O _____

O _____

O _____

O _____

O _____

O _____

O _____

O _____

O _____

girl, START TODAY /

Today, I am grateful for...

1 _____

2 _____

3 _____

My top 5 goals

1 _____

2 _____

3 _____

4 _____

5 _____

My #1 focus

TO DOs that support my goals

O _____ O _____

O _____ O _____

O _____ O _____

O _____ O _____

O _____ O _____

Other TO DOs

O _____

O _____

O _____

O _____

O _____

O _____

O _____

O _____

O _____

notes

Today, I am grateful for...

1 _____

2 _____

3 _____

My top 5 goals   *My #1 focus*

1 _____

2 _____

3 _____

4 _____

5 _____

TO DOs that support my goals

○ _____   ○ _____

○ _____   ○ _____

○ _____   ○ _____

○ _____   ○ _____

○ _____   ○ _____

Other TO DOs   *notes*

○ _____

○ _____

○ _____

○ _____

○ _____

○ _____

○ _____

○ _____

○ _____

girl, START TODAY /

Today, I am grateful for...

1 _____
2 _____
3 _____

My top 5 goals

1 _____
2 _____
3 _____
4 _____
5 _____

My #1 focus

TO DOs that support my goals

○ _____   ○ _____
○ _____   ○ _____
○ _____   ○ _____
○ _____   ○ _____
○ _____   ○ _____

Other TO DOs

○ _____
○ _____
○ _____
○ _____
○ _____
○ _____
○ _____
○ _____
○ _____

notes

girl, START TODAY   /

Today, I am grateful for...

1 _____
2 _____
3 _____

My top 5 goals   *My #1 focus*

1 _____
2 _____
3 _____
4 _____
5 _____

TO DOs that support my goals

○ _____   ○ _____
○ _____   ○ _____
○ _____   ○ _____
○ _____   ○ _____
○ _____   ○ _____

Other TO DOs   *notes*

○ _____
○ _____
○ _____
○ _____
○ _____
○ _____
○ _____
○ _____
○ _____

Today, I am grateful for...

1 _____
2 _____
3 _____

My top 5 goals

1 _____
2 _____
3 _____
4 _____
5 _____

My #1 focus

TO DOs that support my goals

O _____ O _____
O _____ O _____
O _____ O _____
O _____ O _____
O _____ O _____

Other TO DOs   notes

O _____
O _____
O _____
O _____
O _____
O _____
O _____
O _____
O _____

girl, START TODAY

Today, I am grateful for...

1 _____
2 _____
3 _____

My top 5 goals

1 _____
2 _____
3 _____
4 _____
5 _____

My #1 focus

TO DOs that support my goals

○ _____   ○ _____
○ _____   ○ _____
○ _____   ○ _____
○ _____   ○ _____
○ _____   ○ _____

Other TO DOs   *notes*

○ _____
○ _____
○ _____
○ _____
○ _____
○ _____
○ _____
○ _____
○ _____

girl, START TODAY /

Today, I am grateful for...

1 _____
2 _____
3 _____

My top 5 goals

1 _____
2 _____
3 _____
4 _____
5 _____

My #1 focus

TO DOs that support my goals

○ _____ ○ _____
○ _____ ○ _____
○ _____ ○ _____
○ _____ ○ _____
○ _____ ○ _____

Other TO DOs

○ _____
○ _____
○ _____
○ _____
○ _____
○ _____
○ _____
○ _____
○ _____

notes

Today, I am grateful for...

1 _____

2 _____

3 _____

My top 5 goals

1 _____

2 _____

3 _____

4 _____

5 _____

My #1 focus

TO DOs that support my goals

○ _____   ○ _____

○ _____   ○ _____

○ _____   ○ _____

○ _____   ○ _____

○ _____   ○ _____

Other TO DOs

○ _____

○ _____

○ _____

○ _____

○ _____

○ _____

○ _____

○ _____

○ _____

notes

girl, START TODAY /

Today, I am grateful for...
1
2
3

My top 5 goals
1
2
3
4
5

My #1 focus

TO DOs that support my goals

○
○
○
○
○

○
○
○
○
○

Other TO DOs
○
○
○
○
○
○
○
○
○

notes

Today, I am grateful for...

1 _____

2 _____

3 _____

My top 5 goals

1 _____

2 _____

3 _____

4 _____

5 _____

My #1 focus

TO DOs that support my goals

○ _____   ○ _____

○ _____   ○ _____

○ _____   ○ _____

○ _____   ○ _____

○ _____   ○ _____

Other TO DOs   *notes*

○ _____

○ _____

○ _____

○ _____

○ _____

○ _____

○ _____

○ _____

○ _____

Today, I am grateful for...

1 _____

2 _____

3 _____

My top 5 goals   My #1 focus

1 _____

2 _____

3 _____

4 _____

5 _____

TO DOs that support my goals

O _____   O _____

O _____   O _____

O _____   O _____

O _____   O _____

O _____   O _____

Other TO DOs   notes

O _____

O _____

O _____

O _____

O _____

O _____

O _____

O _____

O _____

girl, START TODAY   /

Today, I am grateful for...

1 _____
2 _____
3 _____

My top 5 goals   *My #1 focus*

1 _____
2 _____
3 _____
4 _____
5 _____

TO DOs that support my goals

○ _____   ○ _____
○ _____   ○ _____
○ _____   ○ _____
○ _____   ○ _____
○ _____   ○ _____

Other TO DOs   *notes*

○ _____
○ _____
○ _____
○ _____
○ _____
○ _____
○ _____
○ _____
○ _____

Today, I am grateful for...

1 _____

2 _____

3 _____

My top 5 goals

1 _____

2 _____

3 _____

4 _____

5 _____

My #1 focus

TO DOs that support my goals

○ _____   ○ _____

○ _____   ○ _____

○ _____   ○ _____

○ _____   ○ _____

○ _____   ○ _____

Other TO DOs

○ _____

○ _____

○ _____

○ _____

○ _____

○ _____

○ _____

○ _____

○ _____

notes

Today, I am grateful for...

1 _____

2 _____

3 _____

My top 5 goals   *My #1 focus*

1 _____

2 _____

3 _____

4 _____

5 _____

TO DOs that support my goals

○ _____   ○ _____

○ _____   ○ _____

○ _____   ○ _____

○ _____   ○ _____

○ _____   ○ _____

Other TO DOs   *notes*

○ _____

○ _____

○ _____

○ _____

○ _____

○ _____

○ _____

○ _____

○ _____

girl, START TODAY

Today, I am grateful for...

1 _____

2 _____

3 _____

My top 5 goals

1 _____

2 _____

3 _____

4 _____

5 _____

My #1 focus

TO DOs that support my goals

○ _____   ○ _____

○ _____   ○ _____

○ _____   ○ _____

○ _____   ○ _____

○ _____   ○ _____

Other TO DOs   notes

○ _____

○ _____

○ _____

○ _____

○ _____

○ _____

○ _____

○ _____

○ _____

girl. START TODAY   /

Today, I am grateful for...

1 _____

2 _____

3 _____

My top 5 goals   *My #1 focus*

1 _____

2 _____

3 _____

4 _____

5 _____

TO DOs that support my goals

○ _____   ○ _____
○ _____   ○ _____
○ _____   ○ _____
○ _____   ○ _____
○ _____   ○ _____

Other TO DOs   *notes*

○ _____
○ _____
○ _____
○ _____
○ _____
○ _____
○ _____
○ _____
○ _____

Today, I am grateful for...

1 _____
2 _____
3 _____

My top 5 goals

1 _____
2 _____
3 _____
4 _____
5 _____

My #1 focus

TO DOs that support my goals

○ _____   ○ _____
○ _____   ○ _____
○ _____   ○ _____
○ _____   ○ _____
○ _____   ○ _____

Other TO DOs   *notes*

○ _____
○ _____
○ _____
○ _____
○ _____
○ _____
○ _____
○ _____
○ _____

Today, I am grateful for...

1 _____
2 _____
3 _____

My top 5 goals

1 _____
2 _____
3 _____
4 _____
5 _____

My #1 focus

TO DOs that support my goals

○ _____ ○ _____
○ _____ ○ _____
○ _____ ○ _____
○ _____ ○ _____
○ _____ ○ _____

Other TO DOs   *notes*

○ _____
○ _____
○ _____
○ _____
○ _____
○ _____
○ _____
○ _____
○ _____

girl, START TODAY   /

Today, I am grateful for...

1 _____

2 _____

3 _____

My top 5 goals   My #1 focus

1 _____

2 _____

3 _____

4 _____

5 _____

TO DOs that support my goals

○ _____   ○ _____

○ _____   ○ _____

○ _____   ○ _____

○ _____   ○ _____

○ _____   ○ _____

Other TO DOs   notes

○ _____

○ _____

○ _____

○ _____

○ _____

○ _____

○ _____

○ _____

○ _____

Today, I am grateful for...

1 _____

2 _____

3 _____

My top 5 goals

1 _____

2 _____

3 _____

4 _____

5 _____

My #1 focus

TO DOs that support my goals

○ _____   ○ _____

○ _____   ○ _____

○ _____   ○ _____

○ _____   ○ _____

○ _____   ○ _____

Other TO DOs   *notes*

○ _____

○ _____

○ _____

○ _____

○ _____

○ _____

○ _____

○ _____

○ _____

Today, I am grateful for...

1 _____

2 _____

3 _____

My top 5 goals

1 _____

2 _____

3 _____

4 _____

5 _____

My #1 focus

TO DOs that support my goals

○ _____   ○ _____

○ _____   ○ _____

○ _____   ○ _____

○ _____   ○ _____

○ _____   ○ _____

Other TO DOs   *notes*

○ _____

○ _____

○ _____

○ _____

○ _____

○ _____

○ _____

○ _____

○ _____

Today, I am grateful for...
1 _____
2 _____
3 _____

My top 5 goals
1 _____
2 _____
3 _____
4 _____
5 _____

My #1 focus

TO DOs that support my goals

○ _____   ○ _____
○ _____   ○ _____
○ _____   ○ _____
○ _____   ○ _____
○ _____   ○ _____

Other TO DOs   *notes*
○ _____
○ _____
○ _____
○ _____
○ _____
○ _____
○ _____
○ _____
○ _____

Today, I am grateful for...

1 _____
2 _____
3 _____

My top 5 goals

1 _____
2 _____
3 _____
4 _____
5 _____

My #1 focus

TO DOs that support my goals

○ _____   ○ _____
○ _____   ○ _____
○ _____   ○ _____
○ _____   ○ _____
○ _____   ○ _____

Other TO DOs   notes

○ _____
○ _____
○ _____
○ _____
○ _____
○ _____
○ _____
○ _____
○ _____

Today, I am grateful for...

1 _____

2 _____

3 _____

My top 5 goals

1 _____

2 _____

3 _____

4 _____

5 _____

My #1 focus

TO DOs that support my goals

O _____   O _____

O _____   O _____

O _____   O _____

O _____   O _____

O _____   O _____

Other TO DOs   *notes*

O _____

O _____

O _____

O _____

O _____

O _____

O _____

O _____

O _____

Today, I am grateful for...

1 _____

2 _____

3 _____

My top 5 goals   *My #1 focus*

1 _____

2 _____

3 _____

4 _____

5 _____

TO DOs that support my goals

○ _____   ○ _____

○ _____   ○ _____

○ _____   ○ _____

○ _____   ○ _____

○ _____   ○ _____

Other TO DOs   *notes*

○ _____

○ _____

○ _____

○ _____

○ _____

○ _____

○ _____

○ _____

○ _____

Today, I am grateful for...

1 _____

2 _____

3 _____

My top 5 goals

1 _____

2 _____

3 _____

4 _____

5 _____

My #1 focus

TO DOs that support my goals

○ _____   ○ _____

○ _____   ○ _____

○ _____   ○ _____

○ _____   ○ _____

○ _____   ○ _____

Other TO DOs   *notes*

○ _____

○ _____

○ _____

○ _____

○ _____

○ _____

○ _____

○ _____

○ _____

girl, START TODAY

Today, I am grateful for...

1 _____

2 _____

3 _____

My top 5 goals

1 _____

2 _____

3 _____

4 _____

5 _____

My #1 focus

TO DOs that support my goals

○ _____   ○ _____

○ _____   ○ _____

○ _____   ○ _____

○ _____   ○ _____

○ _____   ○ _____

Other TO DOs

notes

○ _____

○ _____

○ _____

○ _____

○ _____

○ _____

○ _____

○ _____

○ _____

Today, I am grateful for...

1 _____

2 _____

3 _____

My top 5 goals   *My #1 focus*

1 _____

2 _____

3 _____

4 _____

5 _____

TO DOs that support my goals

○ _____   ○ _____

○ _____   ○ _____

○ _____   ○ _____

○ _____   ○ _____

○ _____   ○ _____

Other TO DOs   *notes*

○ _____

○ _____

○ _____

○ _____

○ _____

○ _____

○ _____

○ _____

○ _____

Today, I am grateful for...

1 _____

2 _____

3 _____

My top 5 goals

1 _____

2 _____

3 _____

4 _____

5 _____

My #1 focus

TO DOs that support my goals

○ _____ ○ _____

○ _____ ○ _____

○ _____ ○ _____

○ _____ ○ _____

○ _____ ○ _____

Other TO DOs   *notes*

○ _____

○ _____

○ _____

○ _____

○ _____

○ _____

○ _____

○ _____

○ _____

Today, I am grateful for...

1 _____

2 _____

3 _____

My top 5 goals

1 _____

2 _____

3 _____

4 _____

5 _____

My #1 focus

TO DOs that support my goals

○ _____   ○ _____

○ _____   ○ _____

○ _____   ○ _____

○ _____   ○ _____

○ _____   ○ _____

Other TO DOs

○ _____

○ _____

○ _____

○ _____

○ _____

○ _____

○ _____

○ _____

○ _____

notes

Today, I am grateful for...

1 _____

2 _____

3 _____

My top 5 goals   My #1 focus

1 _____

2 _____

3 _____

4 _____

5 _____

TO DOs that support my goals

O _____   O _____

O _____   O _____

O _____   O _____

O _____   O _____

O _____   O _____

Other TO DOs   notes

O _____

O _____

O _____

O _____

O _____

O _____

O _____

O _____

O _____

Today, I am grateful for...

1 _____

2 _____

3 _____

My top 5 goals

1 _____

2 _____

3 _____

4 _____

5 _____

My #1 focus

TO DOs that support my goals

○ _____ ○ _____

○ _____ ○ _____

○ _____ ○ _____

○ _____ ○ _____

○ _____ ○ _____

Other TO DOs   *notes*

○ _____

○ _____

○ _____

○ _____

○ _____

○ _____

○ _____

○ _____

○ _____

Today, I am grateful for...

1 _____

2 _____

3 _____

My top 5 goals

1 _____

2 _____

3 _____

4 _____

5 _____

My #1 focus

TO DOs that support my goals

○ _____   ○ _____

○ _____   ○ _____

○ _____   ○ _____

○ _____   ○ _____

○ _____   ○ _____

Other TO DOs   *notes*

○ _____

○ _____

○ _____

○ _____

○ _____

○ _____

○ _____

○ _____

○ _____

Today, I am grateful for...

1 _____
2 _____
3 _____

My top 5 goals

1 _____
2 _____
3 _____
4 _____
5 _____

My #1 focus

TO DOs that support my goals

○ _____ ○ _____
○ _____ ○ _____
○ _____ ○ _____
○ _____ ○ _____
○ _____ ○ _____

Other TO DOs *notes*

○ _____
○ _____
○ _____
○ _____
○ _____
○ _____
○ _____
○ _____
○ _____

Today, I am grateful for...

1 _____

2 _____

3 _____

My top 5 goals

1 _____

2 _____

3 _____

4 _____

5 _____

My #1 focus

TO DOs that support my goals

○ _____   ○ _____

○ _____   ○ _____

○ _____   ○ _____

○ _____   ○ _____

○ _____   ○ _____

Other TO DOs   notes

○ _____

○ _____

○ _____

○ _____

○ _____

○ _____

○ _____

○ _____

○ _____

girl, START TODAY   /

Today, I am grateful for...

1 _____
2 _____
3 _____

My top 5 goals   *My #1 focus*

1 _____
2 _____
3 _____
4 _____
5 _____

TO DOs that support my goals

○ _____   ○ _____
○ _____   ○ _____
○ _____   ○ _____
○ _____   ○ _____
○ _____   ○ _____

Other TO DOs   *notes*

○ _____
○ _____
○ _____
○ _____
○ _____
○ _____
○ _____
○ _____
○ _____

Today, I am grateful for...

1 _____

2 _____

3 _____

My top 5 goals

1 _____

2 _____

3 _____

4 _____

5 _____

My #1 focus

TO DOs that support my goals

○ _____   ○ _____

○ _____   ○ _____

○ _____   ○ _____

○ _____   ○ _____

○ _____   ○ _____

Other TO DOs   *notes*

○ _____

○ _____

○ _____

○ _____

○ _____

○ _____

○ _____

○ _____

○ _____

Today, I am grateful for...

1 _____
2 _____
3 _____

My top 5 goals   *My #1 focus*

1 _____
2 _____
3 _____
4 _____
5 _____

TO DOs that support my goals

○ _____   ○ _____
○ _____   ○ _____
○ _____   ○ _____
○ _____   ○ _____
○ _____   ○ _____

Other TO DOs   *notes*

○ _____
○ _____
○ _____
○ _____
○ _____
○ _____
○ _____
○ _____
○ _____

Today, I am grateful for...

1 _____

2 _____

3 _____

My top 5 goals

1 _____

2 _____

3 _____

4 _____

5 _____

My #1 focus

TO DOs that support my goals

○ _____　　○ _____

○ _____　　○ _____

○ _____　　○ _____

○ _____　　○ _____

○ _____　　○ _____

Other TO DOs　　　　　　　　　　*notes*

○ _____

○ _____

○ _____

○ _____

○ _____

○ _____

○ _____

○ _____

○ _____

girl, START TODAY

/

Today, I am grateful for...

1 _____

2 _____

3 _____

My top 5 goals

1 _____

2 _____

3 _____

4 _____

5 _____

My #1 focus

TO DOs that support my goals

○ _____   ○ _____

○ _____   ○ _____

○ _____   ○ _____

○ _____   ○ _____

○ _____   ○ _____

Other TO DOs

○ _____

○ _____

○ _____

○ _____

○ _____

○ _____

○ _____

○ _____

○ _____

notes

girl, START TODAY   /

Today, I am grateful for...

1 _____

2 _____

3 _____

My top 5 goals

1 _____

2 _____

3 _____

4 _____

5 _____

My #1 focus

TO DOs that support my goals

○ _____   ○ _____

○ _____   ○ _____

○ _____   ○ _____

○ _____   ○ _____

○ _____   ○ _____

Other TO DOs   notes

○ _____

○ _____

○ _____

○ _____

○ _____

○ _____

○ _____

○ _____

○ _____

Today, I am grateful for...

1 _____
2 _____
3 _____

My top 5 goals   *My #1 focus*

1 _____
2 _____
3 _____
4 _____
5 _____

TO DOs that support my goals

○ _____   ○ _____
○ _____   ○ _____
○ _____   ○ _____
○ _____   ○ _____
○ _____   ○ _____

Other TO DOs   *notes*

○ _____
○ _____
○ _____
○ _____
○ _____
○ _____
○ _____
○ _____
○ _____

girl, START TODAY /

Today, I am grateful for...

1 _____

2 _____

3 _____

My top 5 goals

1 _____

2 _____

3 _____

4 _____

5 _____

My #1 focus

TO DOs that support my goals

○ _____   ○ _____
○ _____   ○ _____
○ _____   ○ _____
○ _____   ○ _____
○ _____   ○ _____

Other TO DOs

○ _____
○ _____
○ _____
○ _____
○ _____
○ _____
○ _____
○ _____
○ _____

notes

Today, I am grateful for...

1 _____

2 _____

3 _____

My top 5 goals

1 _____

2 _____

3 _____

4 _____

5 _____

My #1 focus

TO DOs that support my goals

○ _____   ○ _____

○ _____   ○ _____

○ _____   ○ _____

○ _____   ○ _____

○ _____   ○ _____

Other TO DOs   notes

○ _____

○ _____

○ _____

○ _____

○ _____

○ _____

○ _____

○ _____

○ _____

Today, I am grateful for...

1 _____

2 _____

3 _____

My top 5 goals

1 _____

2 _____

3 _____

4 _____

5 _____

My #1 focus

TO DOs that support my goals

○ _____   ○ _____

○ _____   ○ _____

○ _____   ○ _____

○ _____   ○ _____

○ _____   ○ _____

Other TO DOs

○ _____

○ _____

○ _____

○ _____

○ _____

○ _____

○ _____

○ _____

○ _____

notes

Today, I am grateful for...
1 _____
2 _____
3 _____

My top 5 goals   My #1 focus
1 _____
2 _____
3 _____
4 _____
5 _____

TO DOs that support my goals

O _____   O _____
O _____   O _____
O _____   O _____
O _____   O _____
O _____   O _____

Other TO DOs   notes

O _____
O _____
O _____
O _____
O _____
O _____
O _____
O _____
O _____

Today, I am grateful for...

1 _____
2 _____
3 _____

My top 5 goals

1 _____
2 _____
3 _____
4 _____
5 _____

My #1 focus

TO DOs that support my goals

○ _____   ○ _____
○ _____   ○ _____
○ _____   ○ _____
○ _____   ○ _____
○ _____   ○ _____

Other TO DOs   notes

○ _____
○ _____
○ _____
○ _____
○ _____
○ _____
○ _____
○ _____
○ _____

girl, START TODAY
/

Today, I am grateful for...

1 _____

2 _____

3 _____

My top 5 goals

1 _____

2 _____

3 _____

4 _____

5 _____

My #1 focus

TO DOs that support my goals

O _____   O _____

O _____   O _____

O _____   O _____

O _____   O _____

O _____   O _____

Other TO DOs

O _____

O _____

O _____

O _____

O _____

O _____

O _____

O _____

O _____

notes

Today, I am grateful for...

1 _____

2 _____

3 _____

My top 5 goals

1 _____

2 _____

3 _____

4 _____

5 _____

My #1 focus

TO DOs that support my goals

○ _____   ○ _____

○ _____   ○ _____

○ _____   ○ _____

○ _____   ○ _____

○ _____   ○ _____

Other TO DOs

notes

○ _____

○ _____

○ _____

○ _____

○ _____

○ _____

○ _____

○ _____

○ _____

Today, I am grateful for...

1 _____

2 _____

3 _____

My top 5 goals   *My #1 focus*

1 _____

2 _____

3 _____

4 _____

5 _____

TO DOs that support my goals

○ _____   ○ _____

○ _____   ○ _____

○ _____   ○ _____

○ _____   ○ _____

○ _____   ○ _____

Other TO DOs   *notes*

○ _____

○ _____

○ _____

○ _____

○ _____

○ _____

○ _____

○ _____

○ _____

Today, I am grateful for...

1 _____
2 _____
3 _____

My top 5 goals

1 _____
2 _____
3 _____
4 _____
5 _____

My #1 focus

TO DOs that support my goals

○ _____   ○ _____
○ _____   ○ _____
○ _____   ○ _____
○ _____   ○ _____
○ _____   ○ _____

Other TO DOs

○ _____
○ _____
○ _____
○ _____
○ _____
○ _____
○ _____
○ _____
○ _____

notes

Today, I am grateful for...

1 _____

2 _____

3 _____

My top 5 goals   *My #1 focus*

1 _____

2 _____

3 _____

4 _____

5 _____

TO DOs that support my goals

○ _____   ○ _____

○ _____   ○ _____

○ _____   ○ _____

○ _____   ○ _____

○ _____   ○ _____

Other TO DOs   *notes*

○ _____

○ _____

○ _____

○ _____

○ _____

○ _____

○ _____

○ _____

○ _____

Today, I am grateful for...

1 _____

2 _____

3 _____

My top 5 goals

1 _____

2 _____

3 _____

4 _____

5 _____

My #1 focus

TO DOs that support my goals

○ _____   ○ _____

○ _____   ○ _____

○ _____   ○ _____

○ _____   ○ _____

○ _____   ○ _____

Other TO DOs   notes

○ _____

○ _____

○ _____

○ _____

○ _____

○ _____

○ _____

○ _____

○ _____

Today, I am grateful for...

1 _____

2 _____

3 _____

My top 5 goals

1 _____

2 _____

3 _____

4 _____

5 _____

My #1 focus

TO DOs that support my goals

○ _____   ○ _____

○ _____   ○ _____

○ _____   ○ _____

○ _____   ○ _____

○ _____   ○ _____

Other TO DOs   *notes*

○ _____

○ _____

○ _____

○ _____

○ _____

○ _____

○ _____

○ _____

○ _____

girl, START TODAY   /

Today, I am grateful for...

1 _____

2 _____

3 _____

My top 5 goals   My #1 focus

1 _____

2 _____

3 _____

4 _____

5 _____

TO DOs that support my goals

○ _____   ○ _____

○ _____   ○ _____

○ _____   ○ _____

○ _____   ○ _____

○ _____   ○ _____

Other TO DOs   notes

○ _____

○ _____

○ _____

○ _____

○ _____

○ _____

○ _____

○ _____

○ _____

girl, START TODAY   /

Today, I am grateful for...

1 _____

2 _____

3 _____

My top 5 goals

1 _____

2 _____

3 _____

4 _____

5 _____

My #1 focus

TO DOs that support my goals

○ _____   ○ _____
○ _____   ○ _____
○ _____   ○ _____
○ _____   ○ _____
○ _____   ○ _____

Other TO DOs   notes

○ _____
○ _____
○ _____
○ _____
○ _____
○ _____
○ _____
○ _____
○ _____

Today, I am grateful for...

1 _____

2 _____

3 _____

My top 5 goals

1 _____

2 _____

3 _____

4 _____

5 _____

My #1 focus

TO DOs that support my goals

○ _____   ○ _____

○ _____   ○ _____

○ _____   ○ _____

○ _____   ○ _____

○ _____   ○ _____

Other TO DOs   *notes*

○ _____

○ _____

○ _____

○ _____

○ _____

○ _____

○ _____

○ _____

○ _____

girl, START TODAY /

Today, I am grateful for...

1 _____

2 _____

3 _____

My top 5 goals

1 _____

2 _____

3 _____

4 _____

5 _____

My #1 focus

TO DOs that support my goals

○ _____   ○ _____
○ _____   ○ _____
○ _____   ○ _____
○ _____   ○ _____
○ _____   ○ _____

Other TO DOs

○ _____
○ _____
○ _____
○ _____
○ _____
○ _____
○ _____
○ _____
○ _____

notes

girl, START TODAY   /

Today, I am grateful for...
1 _____
2 _____
3 _____

My top 5 goals   *My #1 focus*
1 _____
2 _____
3 _____
4 _____
5 _____

TO DOs that support my goals

○ _____   ○ _____
○ _____   ○ _____
○ _____   ○ _____
○ _____   ○ _____
○ _____   ○ _____

Other TO DOs   *notes*
○ _____
○ _____
○ _____
○ _____
○ _____
○ _____
○ _____
○ _____
○ _____

girl, START TODAY

／

Today, I am grateful for...

1 _____
2 _____
3 _____

My top 5 goals

1 _____
2 _____
3 _____
4 _____
5 _____

My #1 focus

TO DOs that support my goals

○ _____   ○ _____
○ _____   ○ _____
○ _____   ○ _____
○ _____   ○ _____
○ _____   ○ _____

Other TO DOs

○ _____
○ _____
○ _____
○ _____
○ _____
○ _____
○ _____
○ _____
○ _____

notes

Today, I am grateful for...

1 _____

2 _____

3 _____

My top 5 goals   My #1 focus

1 _____

2 _____

3 _____

4 _____

5 _____

TO DOs that support my goals

O _____   O _____

O _____   O _____

O _____   O _____

O _____   O _____

O _____   O _____

Other TO DOs   notes

O _____

O _____

O _____

O _____

O _____

O _____

O _____

O _____

O _____

Today, I am grateful for...

1 _____

2 _____

3 _____

My top 5 goals

1 _____

2 _____

3 _____

4 _____

5 _____

My #1 focus

TO DOs that support my goals

○ _____   ○ _____

○ _____   ○ _____

○ _____   ○ _____

○ _____   ○ _____

○ _____   ○ _____

Other TO DOs   *notes*

○ _____

○ _____

○ _____

○ _____

○ _____

○ _____

○ _____

○ _____

○ _____

Today, I am grateful for...

1 _____
2 _____
3 _____

My top 5 goals

1 _____
2 _____
3 _____
4 _____
5 _____

My #1 focus

TO DOs that support my goals

○ _____ ○ _____
○ _____ ○ _____
○ _____ ○ _____
○ _____ ○ _____
○ _____ ○ _____

Other TO DOs

○ _____
○ _____
○ _____
○ _____
○ _____
○ _____
○ _____
○ _____
○ _____

notes

Today, I am grateful for...

1 _____

2 _____

3 _____

My top 5 goals

1 _____

2 _____

3 _____

4 _____

5 _____

My #1 focus

TO DOs that support my goals

○ _____   ○ _____

○ _____   ○ _____

○ _____   ○ _____

○ _____   ○ _____

○ _____   ○ _____

Other TO DOs

notes

○ _____

○ _____

○ _____

○ _____

○ _____

○ _____

○ _____

○ _____

○ _____

Today, I am grateful for...

1 _____

2 _____

3 _____

My top 5 goals   My #1 focus

1 _____

2 _____

3 _____

4 _____

5 _____

TO DOs that support my goals

○ _____   ○ _____

○ _____   ○ _____

○ _____   ○ _____

○ _____   ○ _____

○ _____   ○ _____

Other TO DOs   notes

○ _____

○ _____

○ _____

○ _____

○ _____

○ _____

○ _____

○ _____

○ _____

Today, I am grateful for...

1 _____

2 _____

3 _____

My top 5 goals

1 _____

2 _____

3 _____

4 _____

5 _____

My #1 focus

TO DOs that support my goals

○ _____   ○ _____
○ _____   ○ _____
○ _____   ○ _____
○ _____   ○ _____
○ _____   ○ _____

Other TO DOs

notes

○ _____
○ _____
○ _____
○ _____
○ _____
○ _____
○ _____
○ _____
○ _____

girl, START TODAY   /

Today, I am grateful for...

1 _____

2 _____

3 _____

My top 5 goals   *My #1 focus*

1 _____

2 _____

3 _____

4 _____

5 _____

TO DOs that support my goals

O _____   O _____

O _____   O _____

O _____   O _____

O _____   O _____

O _____   O _____

Other TO DOs   *notes*

O _____

O _____

O _____

O _____

O _____

O _____

O _____

O _____

O _____

Today, I am grateful for...

1 _____

2 _____

3 _____

My top 5 goals   *My #1 focus*

1 _____

2 _____

3 _____

4 _____

5 _____

TO DOs that support my goals

○ _____   ○ _____

○ _____   ○ _____

○ _____   ○ _____

○ _____   ○ _____

○ _____   ○ _____

Other TO DOs   *notes*

○ _____

○ _____

○ _____

○ _____

○ _____

○ _____

○ _____

○ _____

○ _____

girl, START TODAY   /

Today, I am grateful for...

1 _____

2 _____

3 _____

My top 5 goals   *My #1 focus*

1 _____

2 _____

3 _____

4 _____

5 _____

TO DOs that support my goals

○ _____   ○ _____

○ _____   ○ _____

○ _____   ○ _____

○ _____   ○ _____

○ _____   ○ _____

Other TO DOs   *notes*

○ _____

○ _____

○ _____

○ _____

○ _____

○ _____

○ _____

○ _____

○ _____

Made in the USA
Coppell, TX
06 November 2020

40877141R00056